Impressum
Verlag: BABADADA GmbH, Nedderfeld 112 , 22529 Hamburg
Geschäftsführer / Verlagsleitung: Harald Hof
Druck: Books on Demand GmbH, In de Tarpen 42, 22848 Norderstedt

Imprint
Publisher: BABADADA GmbH, Nedderfeld 112 , 22529 Hamburg, Germany
Managing Director / Publishing direction: Harald Hof
Print: Books on Demand GmbH, In de Tarpen 42, 22848 Norderstedt

lekol

escola

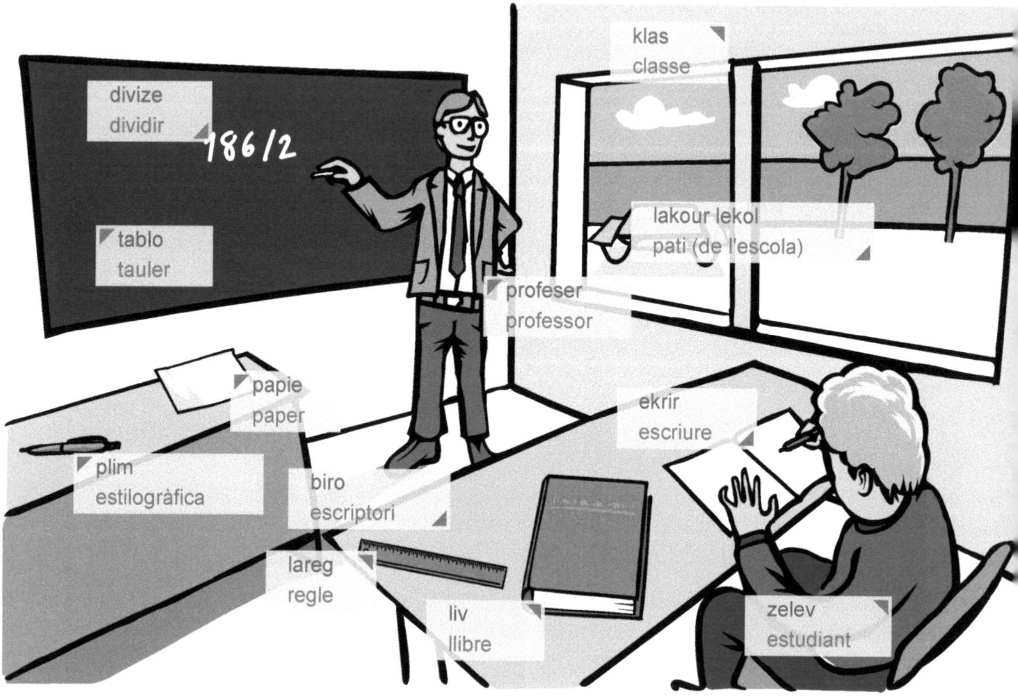
klas
classe
divize
dividir
186/2
tablo
tauler
lakour lekol
pati (de l'escola)
profeser
professor
papie
paper
ekrir
escriure
plim
estilogràfica
biro
escriptori
lareg
regle
liv
llibre
zelev
estudiant

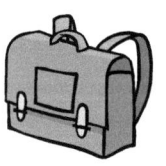

sak lekol

bossa

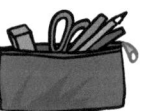

plimie

estoig

kreyon

llapis

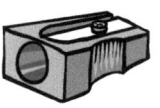

egizwar

maquineta de fer punta

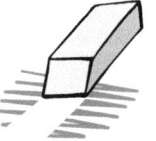

gom

goma

kaye desin

bloc de dibuix

desin
dibuix

pinso
pinzell

bwat lapintir
capsa de pintures

sizo
tisores

lakol
cola

kaye devwar
quadern d'exercicis

devwar
deures

nimero
nombre

azoute
afegir

retire
sostreure

mıltıplıye
multiplicar

kalkile
calcular

let
lletra

alfabet
alfabet

mo
mot

text
text

lir
llegir

lakre
guix

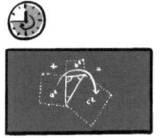

leson
lliçó

rezis
llibre de classe

lexame
examen

sertifika
certificat

iniform lekol
uniforme escolar

ledikasion
formació

lansiklopedi
enciclopèdia

liniversite
universitat

mikroskop
microscopi

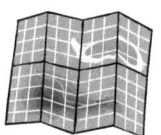

map
mapa

poubel
paperera

4

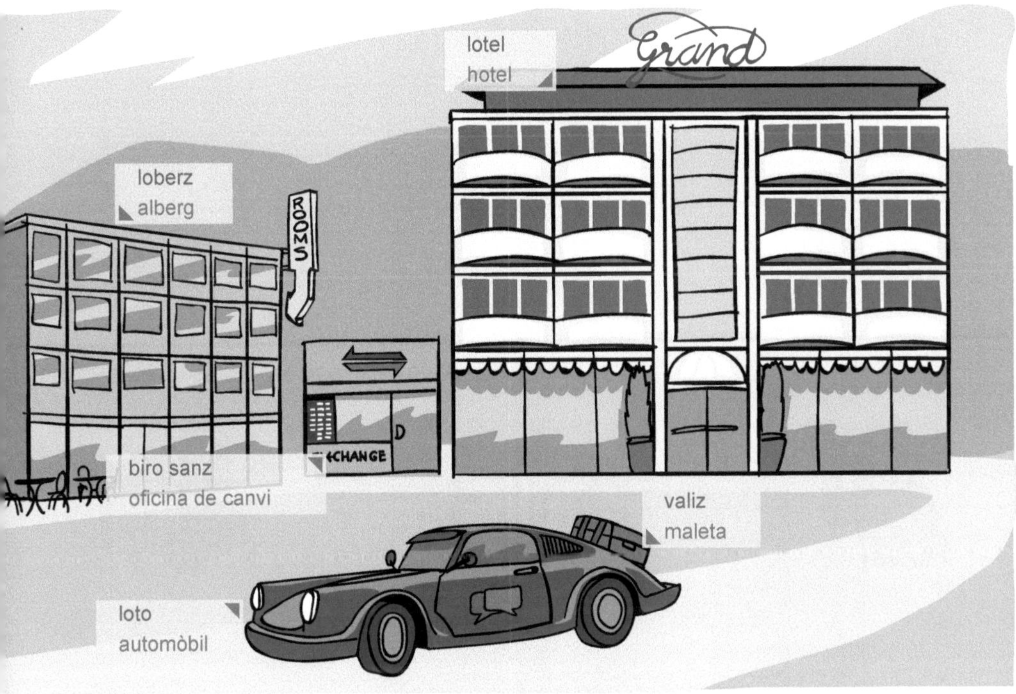

lotel
hotel
Grand
loberz
alberg
ROOMS
EXCHANGE
biro sanz
oficina de canvi
valiz
maleta
loto
automòbil

langaz
llengua

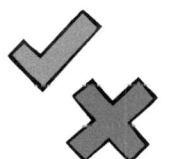

wi / non
sí / no

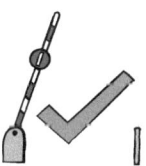

okay
D'acord

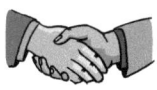

Alo
Ey!

tradikter
traductora

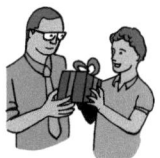

Mersi
gràcies

komie sa..?

Quant costa... ?

Mo pa pe konpran

No entenc

problem

problema

Bonswar!

Bona nit!

Bonzour!

bon dia!

Bonn nwi!

bona nit!

o-revwar

fins aviat

direksion

direcció

bagaz

bagatge

sak

bossa

sak-a-do

sarrona

ot

convidat

pies

cambra

sak kousaz

sac de dormir

latant

tenda

lofis tourism

oficina de turisme

laplaz

platja

kart kredi

carta de crèdit

ti-dezene

esmorzar

dezene

dinar

dine

sopar

biye

bitllet

lasanser

ascensor

tem

segell

frontler

frontera

ladwann

duana

lanbasad

ambaixada

viza

visat

paspor

passaport

vwayaz - viatge

transpor
transport

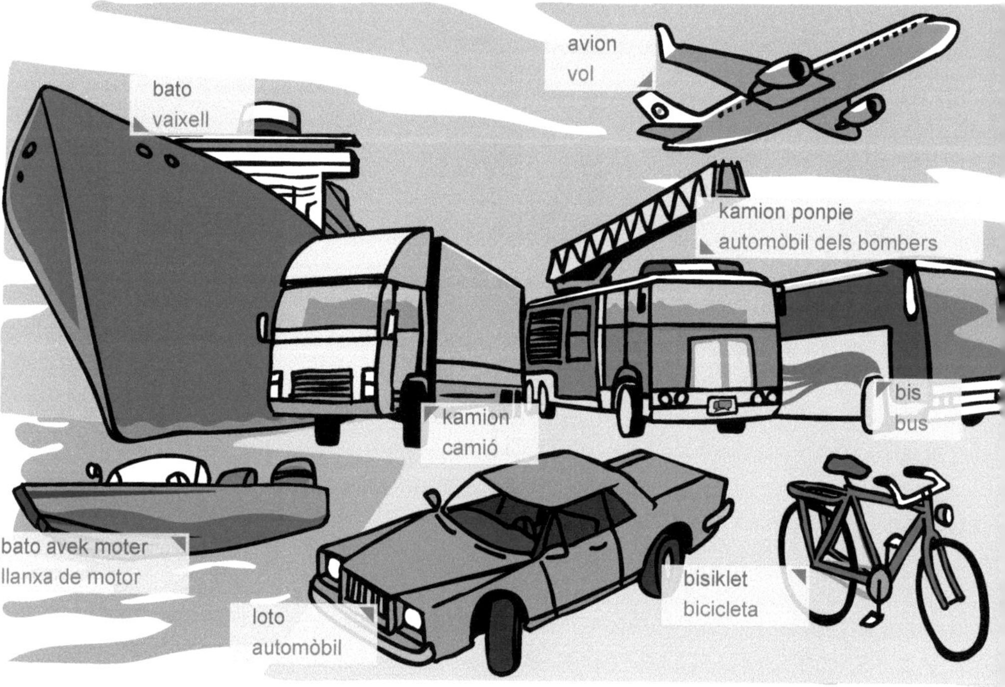

avion
vol
bato
vaixell
kamion ponpie
automòbil dels bombers
bis
bus
kamion
camió
bato avek moter
llanxa de motor
bisiklet
bicicleta
loto
automòbil

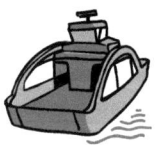

feri

transbordador

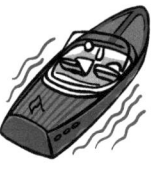

bato

barca

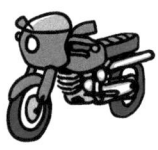

motosiklet

moto

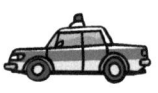

loto lapolis

automòbil de policia

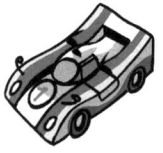

loto lekours

automòbil de curses

loto lokasion

automòbil de lloguer

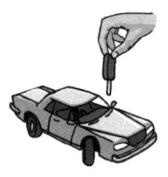

ko-vwatiraz

vehicle compartit

kamion towing

grua

kamion salte

camió de les escombraries

moter

motor

lesans

benzina

filing

benzineria

pano indikasion

senyal de trànsit

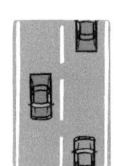

trafik

trànsit

anbouteyaz

embús

parking

aparcament

stasion trin

estació de trens

ray

vies

trin

tren

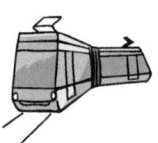

tram

tramvia

vagon

vagó

elikopter

helicòpter

aeropor

aeroport

towing

torre

pasaze

passatger

kontener

contenidor

karton

capsa de cartó

sario

carretó

panie

cistella

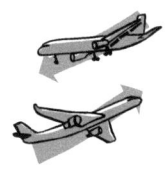

dekole / aterir

enlairar-se / aterrar

lavil

ciutat

vilaz

poble

sant-vil

centre de la ciutat

lakaz

casa

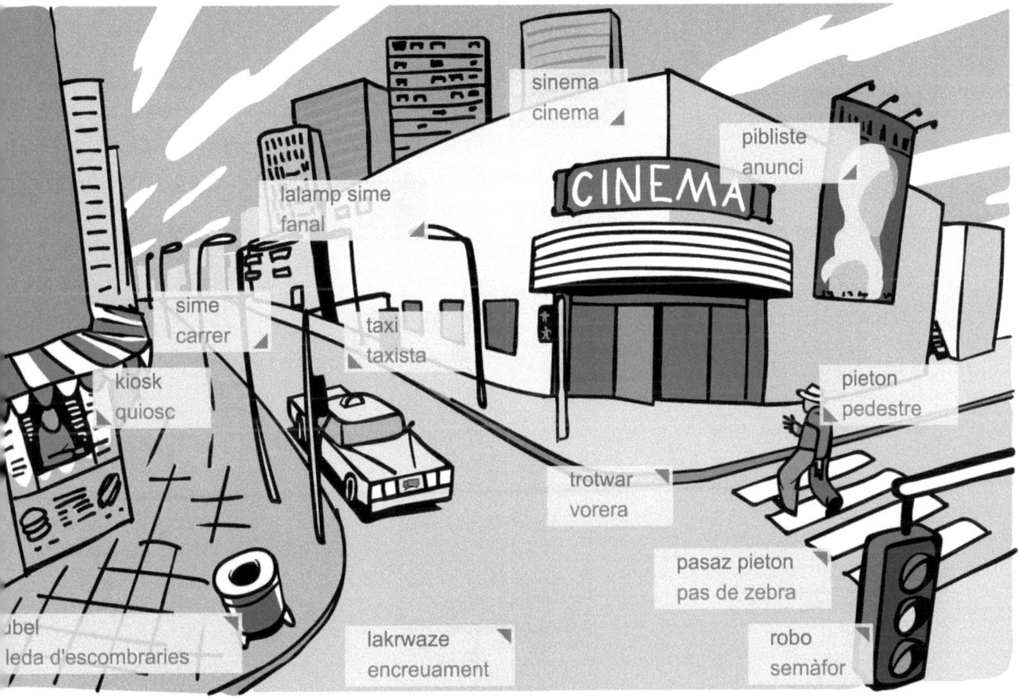

sinema
cinema

pibliste
anunci

lalamp sime
fanal

sime
carrer

taxi
taxista

pieton
pedestre

kiosk
quiosc

trotwar
vorera

pasaz pieton
pas de zebra

ubel
leda d'escombraries

lakrwaze
encreuament

robo
semàfor

kabann
....
cabana

flat
....
apartament

stasion trin
....
estació de trens

minisipalite
....
casa de la vila-ciutat

mize
....
museu

lekol
....
escola

lavil - ciutat

11

liniversite

universitat

labank

banca

lopital

hospital

lotel

hotel

farmasi

farmàcia

biro

oficina

libreri

llibreria

magazin

botiga

fleris

floristeria

sipermarse

supermercat

bazar

mercat

gran magazin

gran magatzem

pwasonnri

peixateria

sant komersial

centre comercial

lepor

port

park
parc

labank
banc

pon
pont

leskalie
escala

metro
metro

tinel
túnel

bistop
parada d'autobús

bar
bar

restoran
restaurant

bwat-a-let
bústia de correu

pano
senyal indicador

parkmet
parquímetre

zoo
zoo

pisinn
piscina

moske
mesquita

lavil - ciutat

laferm

granja

polision

pol·lució

simitier

cementiri

legliz

església

lespas pou zwe

parc infantil

tanp

temple

peizaz

paisatge

fey
fulla

pano indikasion
cartell indicador

sime
camí

preri
prat

ros
pedra

pie
arbre

randonner
excursionista

larivier
riu

lerb
gespa

fler
flor

lavale

vall

kolinn

muntanya

lak

llac

bwa

bosc

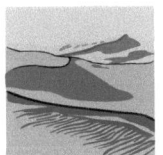

dezer

desert

volkan

volcà

sato

castell

larkansiel

arc de Sant Martí

sanpinion

bolet

palmle

palmera

moutik

moscard

mous

mosca

fourmi

formiga

abey

abella

zarenie

aranya

koksinel

escarabat

grenouy

granota

ekirey

esquirol

erison

eriçó

lapin

llebre

ibou

òliba

zwazo

ocell

sign

cigne

sangliye

senglar

serf

cervo

elan

ant

dam

presa

eolienn

turbina

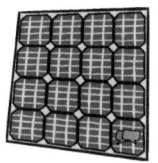

pano soler

panell solar

klima

clima

restoran
restaurant

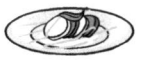

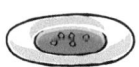

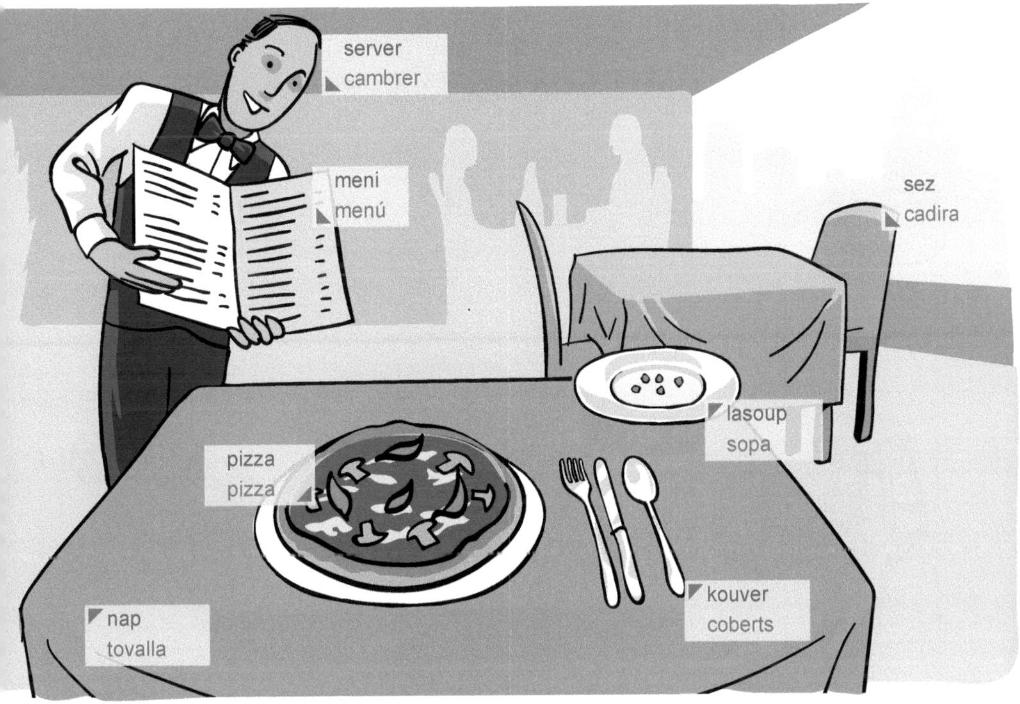
server
cambrer
meni
menú
sez
cadira
lasoup
sopa
pizza
pizza
kouver
coberts
nap
tovalla

lantre

primer plat

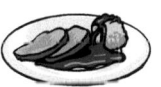

pla prinsipal

plat principal

deser

darreries

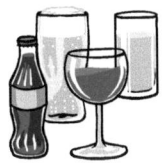

labwason

begudes

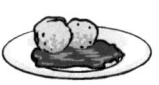

manze

menjar

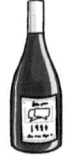

boutey

ampolla

fast food

menjar ràpid

take-away

menjar de carrer

teyer

tetera

po disik

sucrer

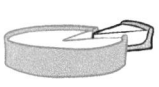

porsion

porció

masinn expresso

màquina d'espresso

sez-ot

trona

bill

factura

plato

plata

kouto

ganivet

fourset

forqueta

kwiyer

cullera

ti-kwiyer

cullereta

serviet

tovalló

ver

got

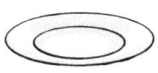

lasiet
plat

lasiet
plat de sopa

soukoup
plateret

lasos
salsa

po disel
saler

moulin dipwav
molinet de pebre

vineg
vinagre

delwil
oli

zepis
espècies

ketchup
quètxup

lamoutard
mostassa

mayonez
maionesa

sipermarse
supermercat

promosion
oferta especial
FOR
klian
client
prodwi a baz dile
productes lactis
frwi
fruites
trole
carret de la compra

BUTCHERS

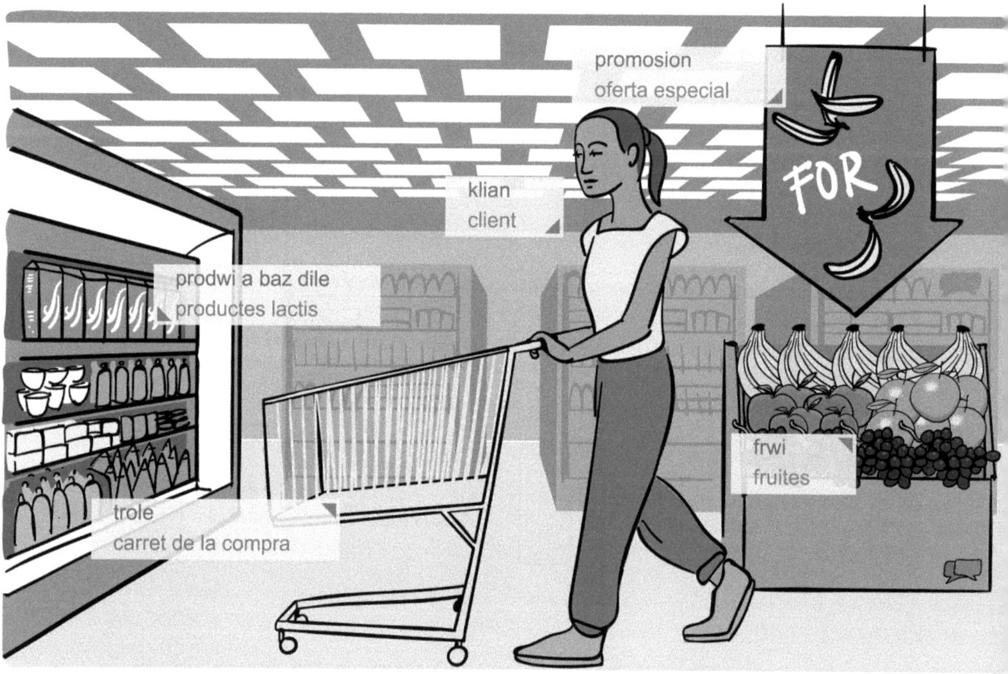

bousri
carnisseria

BAKERY

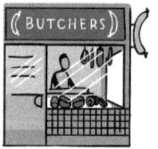

boulanzri
forn de pa

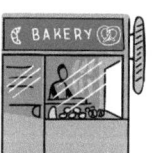

peze
pesar

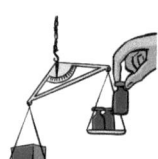

legim
verdures

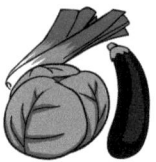

laviann
carn

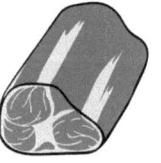

aliman konzele
menjar congelat

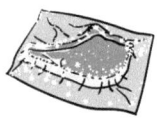

sarkitri

carn freda

bwat konserv

conserves

lapoud masinn

detergent en pols

bonbon

dolços

komision

articles domèstics

deterzan

productes de neteja

vandez

venedora

lakes

caixa registradora

kesie

caixera

lalis kornision

llista de la compra

ouvertir

horari d'obertura

portfey

portamonedes

kart kredi

carta de crèdit

sak

bossa

sak plastik

bossa de plàstic

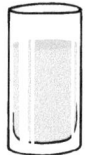

delo

aigua

zi

suc

dile

llet

coca

coca-cola

divin

vi

labier

cervesa

lalkol

alcohol

sokola so

cacau

dite

te

kafe

cafè

expresso

espresso

cappuccino

cappuccino

banann

banana

pom

poma

zoranz

taronja

melon

síndria

sitron

llimona

karot

pastanaga

lay

all

banbou

bambú

zwayon

ceba

sanpiyon

bolet

nwazet

avellanes

minn

fideus

spageti

espaguetis

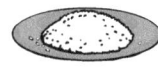

diri

arròs

salad

amanida

chips

patates fregides

pomdeter frir

patates fregides

pizza

pizza

burger

hamburguesa

sandwich

entrepà

eskalop

escalopa

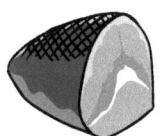

zanbon

cuixot

salami

salami

sosis

salsitxa

poul

pollastre

roti

rostit

pwason

peix

oatmeal

flocs de civada

muesli

musli

kornbif

cereals

lafarinn

farina

krwasan

croissant

ti-dipin

panet

dipin

pa

dipin griye

torrada

biskwi

bescuits

dlber

mantega

tromaz blan

mató

gato

pastís

dizef

ou

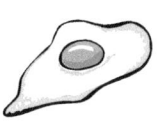

dizef frir

ou fregit

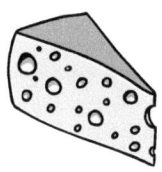

fromaz

formatge

sorbe

gelat

disik

sucre

dimiel

mel

konfitir

melmelada

nouga

crema de xocolata

kari

curri

laferm
granja

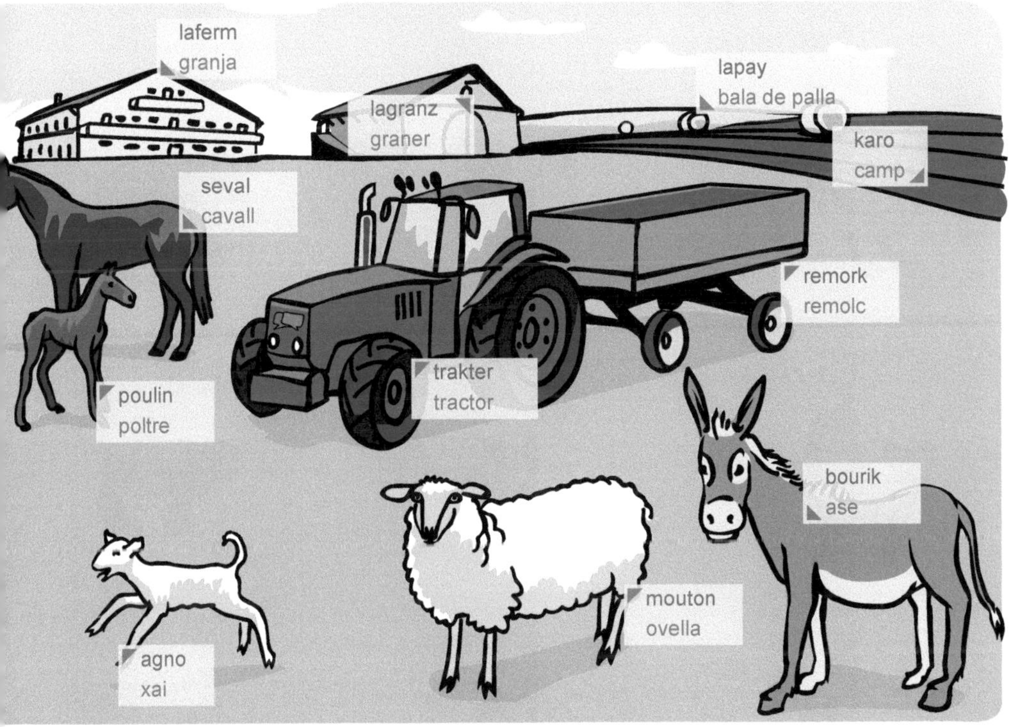
laferm
granja
lagranz
graner
lapay
bala de palla
karo
camp
seval
cavall
remork
remolc
trakter
tractor
poulin
poltre
bourik
ase
mouton
ovella
agno
xai

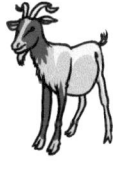

kabri
cabra

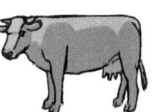

vas
vaca

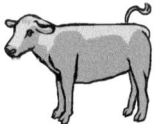

vo
vedella

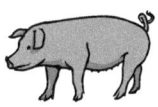

koson
porc

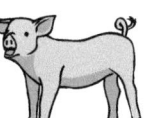

ti-koson
garrí

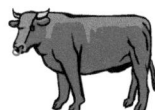

toro
bou

lezwa
oca

kanar
ànec

pousin
poll

poul
gall

kok
gallina

lera
rata

sat
gat

souri
ratolí

bef
bou

lisien
gos

lakaz lisien
gossera

tiyo
mànega de regar

arozwar
regadora

laserp
dalla

saret
arada

fosi

falç

pios

aixada

fours

forca

lars

destral

bouret

carretó

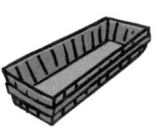

kiv

abeurador

bwat dile

lletera

sak

sac

fencing

tanca

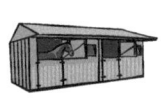

letab

establa

laser

hivernacle

later

sòl

lagrin

llavor

langre

adob

masinn pou fer rekolt

collidora

rekolte
....
collir

rekolt
....
collita

ignam
....
nyam

dible
....
blat

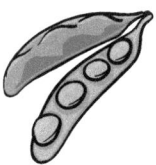

soya
....
soja

pomdeter
....
patata

may
....
blat de moro o d'indi

colza
....
colza

zarb frwitie
....
arbre fruiter

maniok
....
mandioca

sereal
....
cereals

lakaz
casa

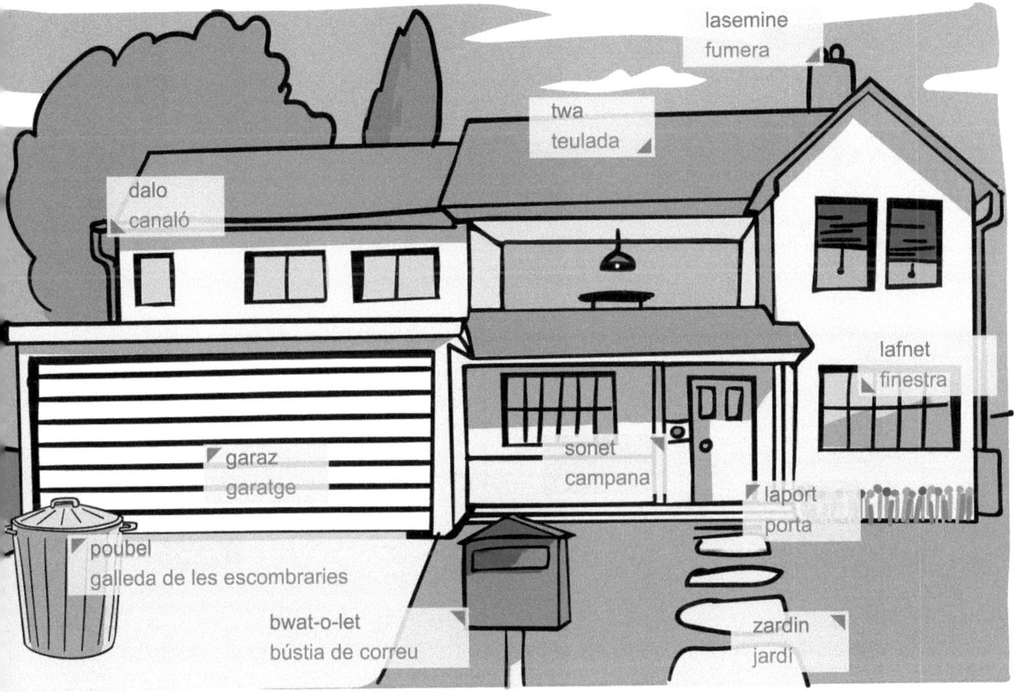
lasemine
fumera
twa
teulada
dalo
canaló
lafnet
finestra
sonet
campana
garaz
garatge
laport
porta
poubel
galleda de les escombraries
bwat-o-let
bústia de correu
zardin
jardí

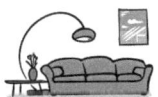

salon

sala d'estar

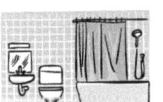

saldebin

bany

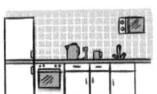

lakwizinn

cuina

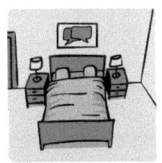

lasam

cambra de dormir

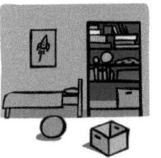

lasam zanfan

cambra de nen

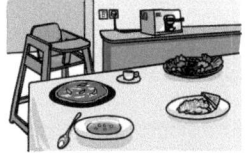

salamanze

menjador

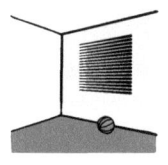

sali
sòl

miray
paret

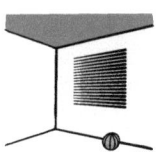

plafon
sostre

lakav
soterrani

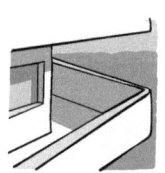

sona
sauna

balkon
balcó

teras
terrassa

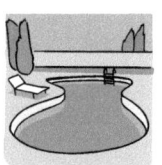

pisinn
piscina

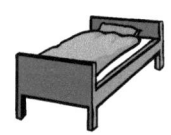

masinn koup gazon
tallagespa

dra
vànova

kwet
cobrellit

lili
llit

balie
escombra

seo
galleda

take lalimier
interruptor

salon
sala d'estar

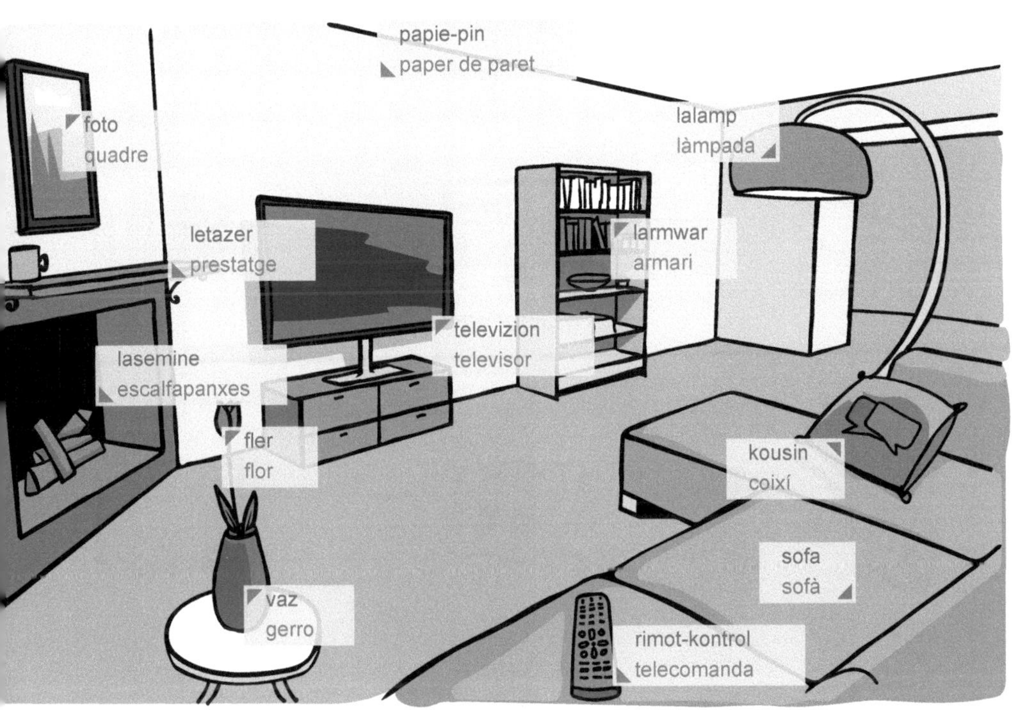
papie-pin
paper de paret
foto
quadre
lalamp
làmpada
letazer
prestatge
larmwar
armari
televizion
televisor
lasemine
escalfapanxes
fler
flor
kousin
coixí
sofa
sofà
vaz
gerro
rimot-kontrol
telecomanda

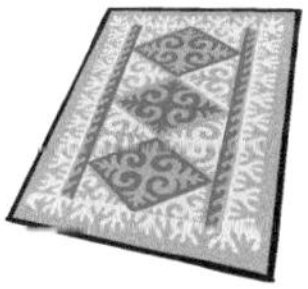
tapi

catifa

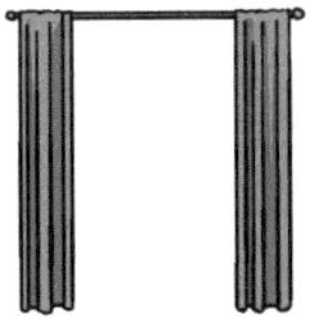
rido

cortina

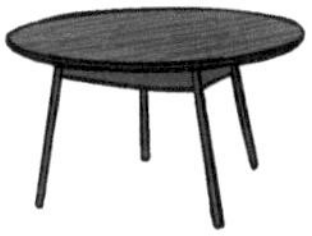
latab

taula

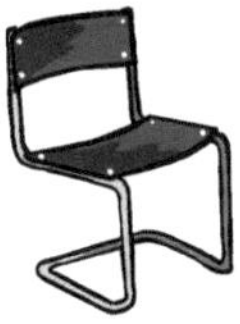
sez

cadira

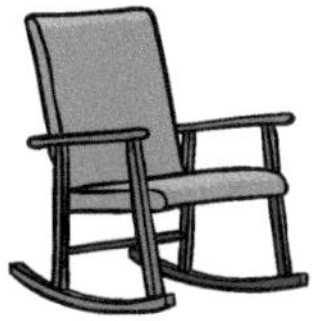
rocking chair

cadira gronxadora

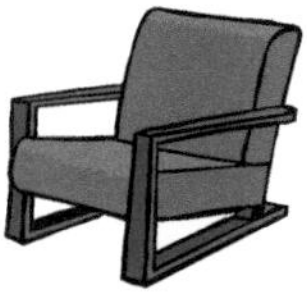
fotey

cadiral

liv
llibre

kouvertir
llençol

dekorasion
decoració

dibwa foye
llenya

fim
film

hi-fi
cadena de música

lakle
clau

zournal
diari

lapintir
pintura

poster
cartell

radio
ràdio

bloknot
bloc de notes

laspirater
aspiradora

kaktis
cactus

labouzi
candela

salon - sala d'estar

lakwizinn
cuina

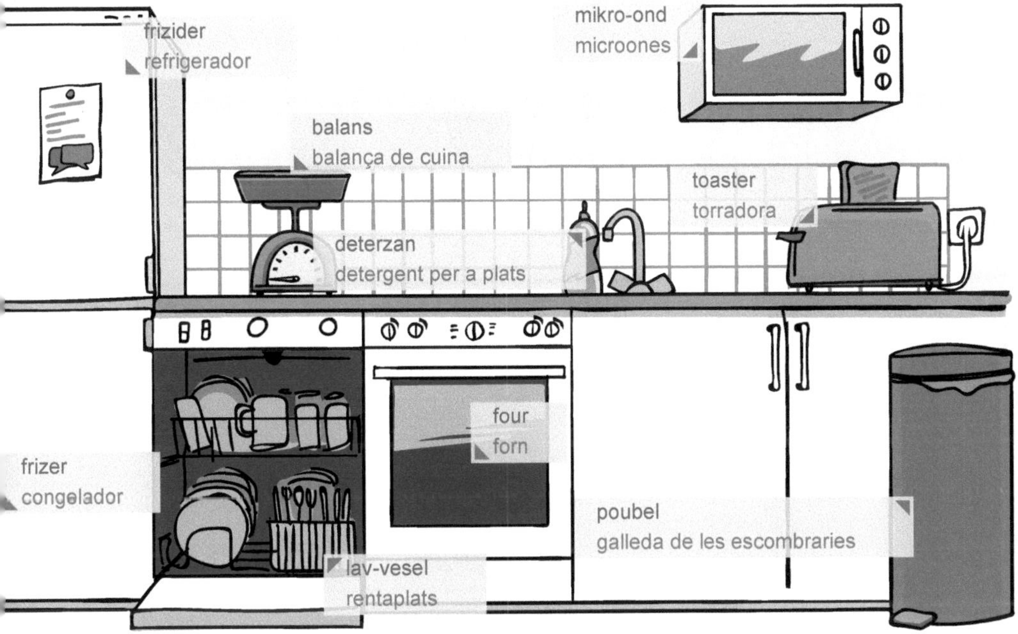
frizider
refrigerador
mikro-ond
microones
balans
balança de cuina
toaster
torradora
deterzan
detergent per a plats
four
forn
frizer
congelador
poubel
galleda de les escombraries
lav-vesel
rentaplats

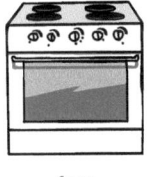

four

cuina de fogons

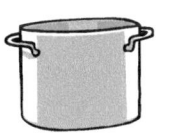

kasrol

olla

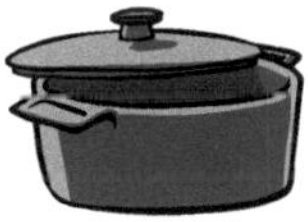

marmit

olla de ferro colat

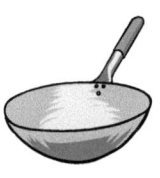

wok

wok / karahi

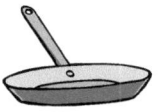

pwal

paella

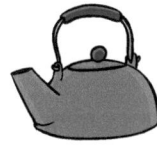

boulwar

bullidor

steamer

olla de vapor

plak kwison

plata de forn

vesel

vaixella

goble

tassa grossa

bol

bol

baget sinwa

bastonets xinesos

lous

culler

spatil

espàtula

fwet

batedor

paswar

colador

tami

sedàs

larap

ratllador

mortie

morter

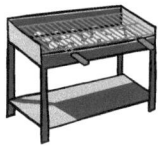

griyad

barbacoa

lasemine

foc a terra

biyo

taula de tallar

roulo

corró

tirbouson

llevataps

bwat konserv

pot de conserva

ouvbwat

obridor

legan proteksion

agafador

lavabo

aigüera

bros

raspall

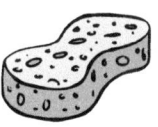

leponz

esponja

blender

batedora

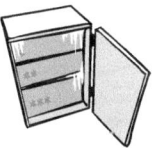

konzelater

congelador

bibron

biberó

robine

aixeta

saldebin

bany

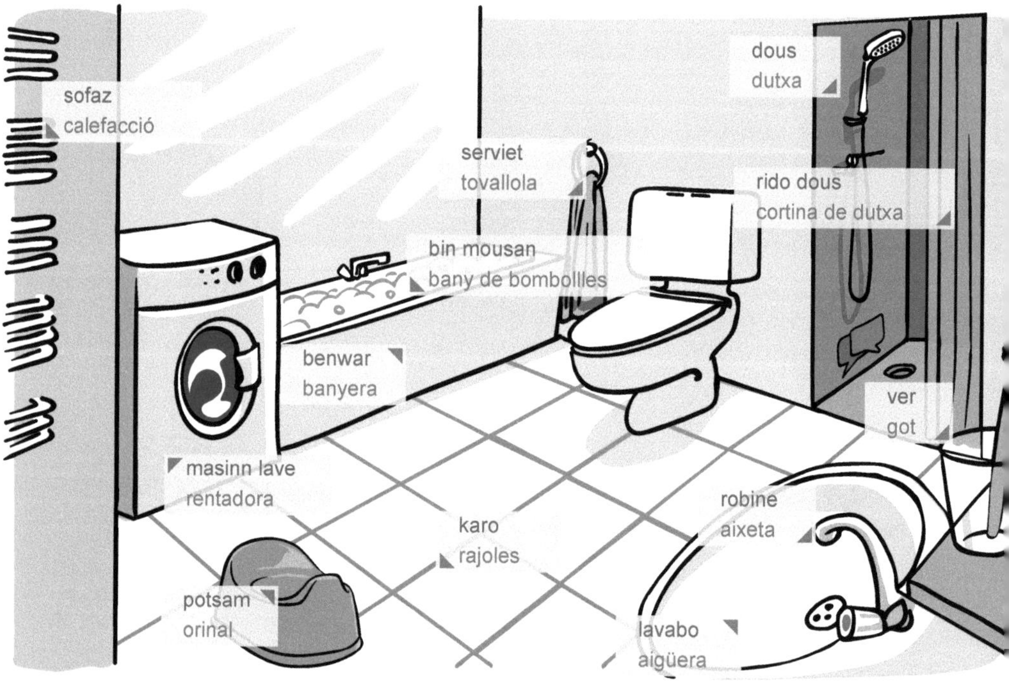

sofaz
calefacció
dous
dutxa
serviet
tovallola
rido dous
cortina de dutxa
bin mousan
bany de bombollles
benwar
banyera
ver
got
masinn lave
rentadora
robine
aixeta
karo
rajoles
potsam
orinal
lavabo
aigüera

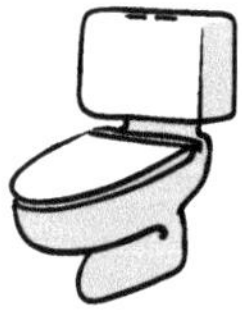

twalet

lavabo

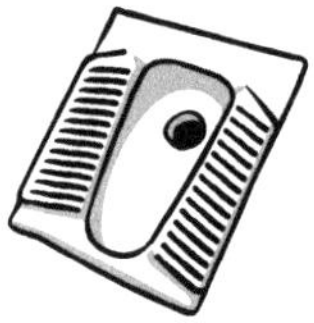

twalet

lavabo turc

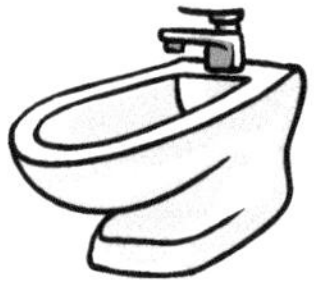

bide

bidet

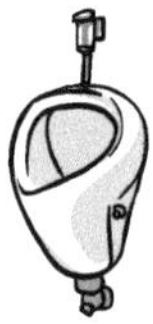

piswar

orinador

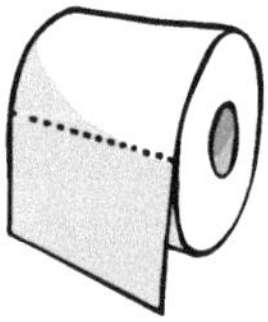

papie twalet

paper higiènic

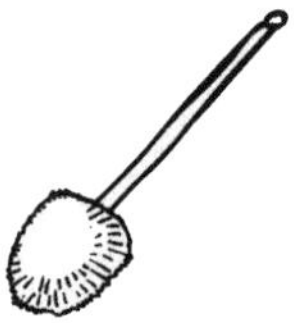

bros twalet

escombreta de sanitari

bros ledan

raspall de dents

dantifris

pasta de dents

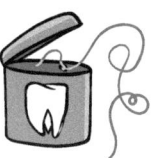

fil danter

fil dental

lave

rentar

ti-bin

pom de dutxa

dous

dutxa íntima

basin

rentamans

bros ledo

raspall per a l'esquena

savon

sabó

zel dous

gel de dutxa

sanpwin

xampú

gandebin

manyopla de bany

drin

bonera

lakrem

crema

deodoran

desodorant

mirwar

mirall

mirwar

mirall-espill de mà

razwar

maquineta de rasar

lamous pou raze

espuma de barbejar

apre-razaz

loció post-rasada

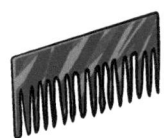

pengn

pinta

bros

raspall

seswar

eixugador

lak

laca

makiyaz

maquillatge

dirouz

pintallavis

verni

esmalt d'ungles

cotton wool

cotó

tay-zong

tallaungles

parfin

perfum

trous twalet
estoig de bellesa

stoul
tamboret

balans
bàscula

penwar
barnús

legan netwayaz
guants de goma

tanpon
compresa higiènica

serviet izienik
compresa

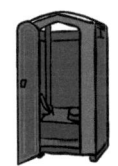

twalet simik
sanitari químic

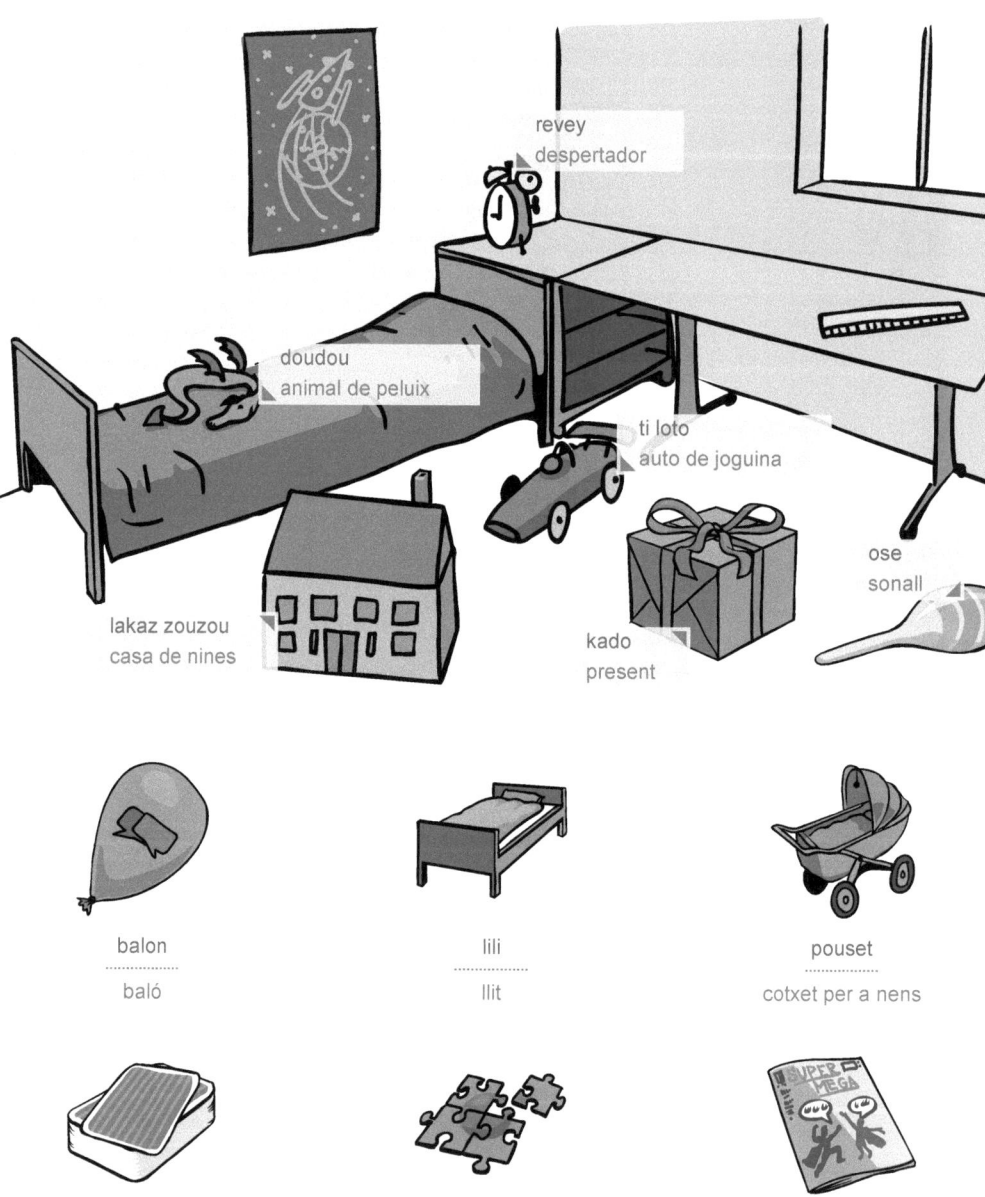

revey
despertador

doudou
animal de peluix

ti loto
auto de joguina

lakaz zouzou
casa de nines

kado
present

ose
sonall

balon
baló

lili
llit

pouset
cotxet per a nens

kart
joc de cartes

puzzle
trencaclosca

tikomik
historieta

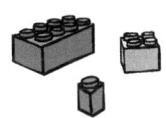

lego

peces de lego

lego

peces de construcció

figirinn

ninot d'acció

grenouyer

granota

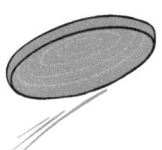

frisbee

frisbee

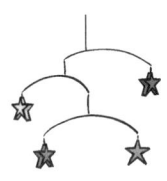

mobil

mòbil per a bressol

zwe

joc de taula

lede

daus

trin zouzou

tren elèctric

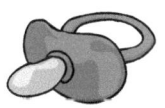

siset

xumet

fet

festa

liv ek zimaz

llibre de dibuixos

boul

pilota

poupet

nina

zwe

jugar

bak-a-sab

sorrera

balanswar

gronxador

zouzou

joguines

game

consola de jocs de vídeo

trisik

tricicle

nounours

osset de peluix

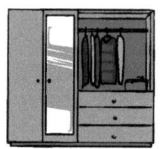

larmwar

armari

linz

roba

soset

mitjons

leba

mitges

kolan

mitja pantaló

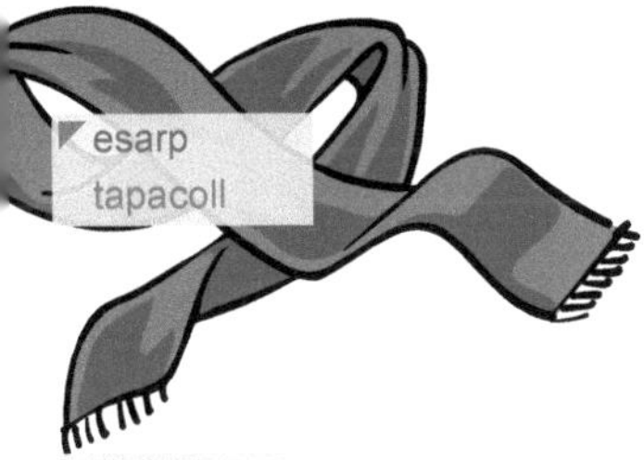

esarp
tapacoll

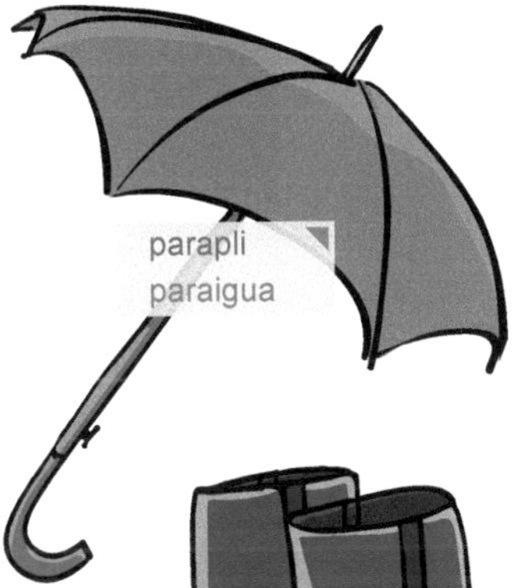

parapli
paraigua

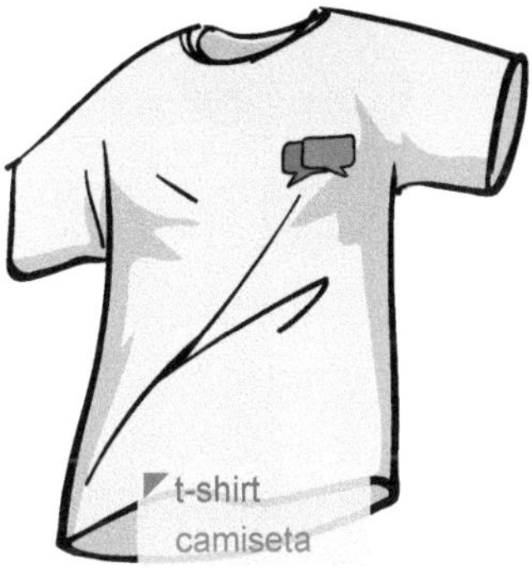

t-shirt
camiseta

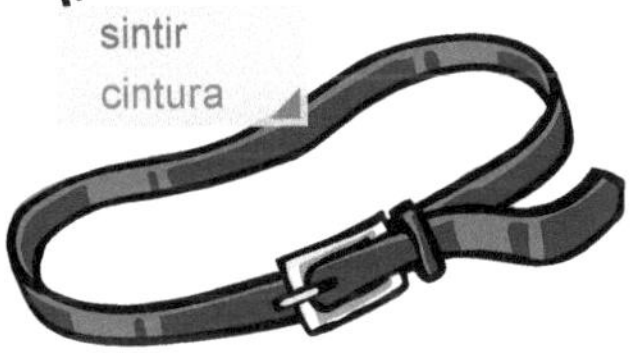

sintir
cintura

bot
botes

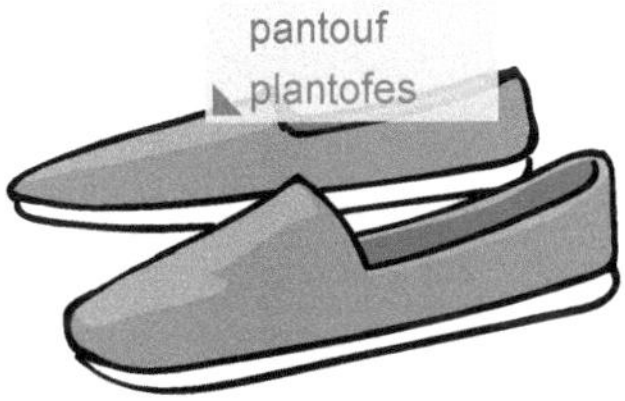

pantouf
plantofes

tenis
sabates d'esport

sandalet
....
sandàlies

soulie
....
sabates

bot an karotsou
....
botes de goma

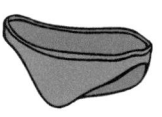

souvetman
....
calçonets

soutiengorz
....
sostenidor

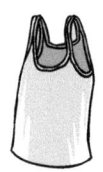

vest
....
guardapits

body

jjustacòs

pantalon

pantalons

jeans

jeans

zip

faldeta

blouz

brusa

simiz

camisa

pull-over

jersei

blouzon ek kapison

dessuadora

vest

blazer

jaket

jaqueta

manto

mantell

pardesi

impermeable

kostim

vestit de dona

rob

vestit de dona

rob lamarye

vestit de núvia

kostim

vestit d'home

robdesam

camisa de dormir

pizama

pijama

sari

sari

foular

mocador de cap

tirban

turbant

bourka

burca

kaftan

caftan

abaya

abaia

mayo de bin

vestit de bany

mayo de bin

calçon(et)s de bany

sorti de sekour

pantalons curts

linz spor

xandall

tabliye

davantal

legan

guants

bouton

botó

linet

ulleres

brasle

braçalet

kolie

collaret

bag

anell

zanon

orellera

bone

casquet

sint

penjador

sapo

capell

kravat

corbata

fermetirekler

cremallera

elmet

casc

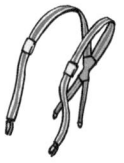

bretel

elàstics

iniform lekol

uniforme escolar

iniform

uniforme

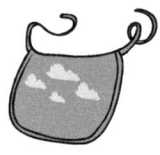

bavwar

pitet

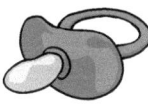

siset

xumet

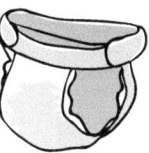

lanz

bolquer

biro

oficina

server
servidor
larmwar arsiv
armari arxivador
printer
impressora
lekran
monitor
papie
paper
mouse
ratolí
biro
escriptori
klaser
arxivador
klavie
teclat
poubel
paperera
ordinater
ordinador
sez
cadira

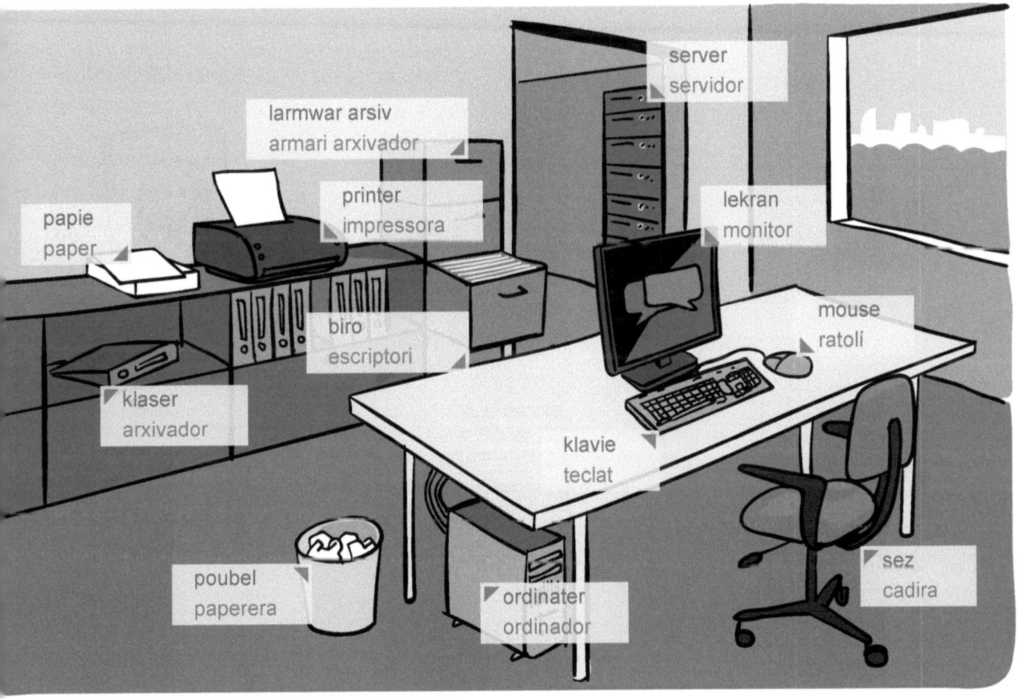

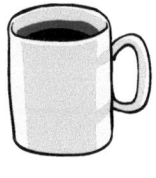

mug

tassa de cafè

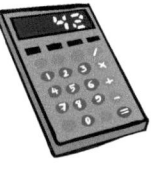

kalkilatris

calculadora

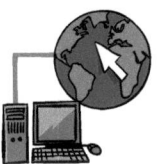

internet

Internet

laptop

ordinador portàtil

let

lletra

mesaz

missatge

portab

mòbil

rezo

xarxa

fotokopi

fotocopiadora

lozisiel

programari

telefonn

telèfon

priz

presa de corrent

fax

fax

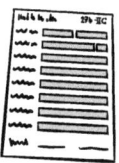

form

formulari

dokiman

document

aste
comprar

peye
pagar

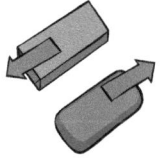

fer biznes
comerciar

larzan
diners

dolar
dòlar

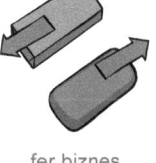

euro
euro

yen
ien

rouble
ruble

fran swis
franc suís

renminbi yuan
renminbi

roupi
rupia

distribiter biye
caixa automàtica

biro sanz

oficina de canvi

lor

or

larzan

argent

petrol

petroli

lenerzi

energia

pri

preu

kontra

contracte

tax

impost

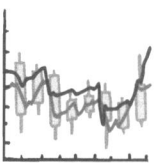

aksion

acció

travay

treballar

anplwaye

treballador

anplwayer

empresari

lizinn

fàbrica

magazin

botiga

travay
oficis

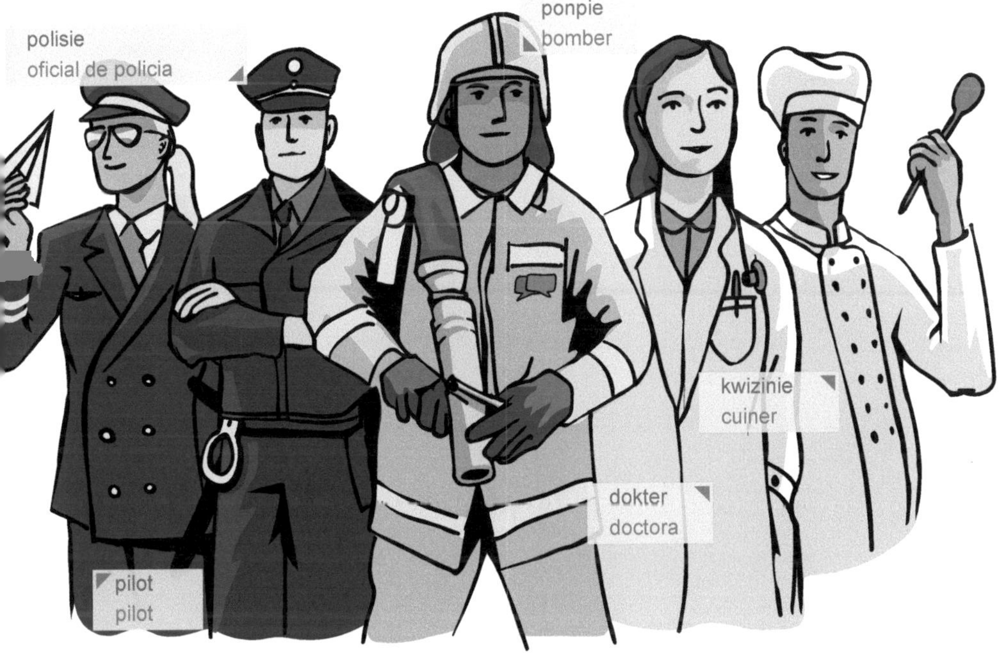
polisie
oficial de policia
ponpie
bomber
kwizinie
cuiner
dokter
doctora
pilot
pilot

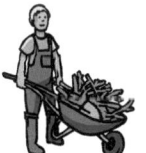

zardinie
jardiner

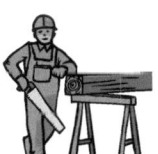

sarpantie
fuster

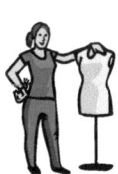

koutirier
costurera

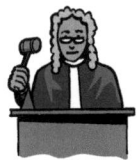

ziz
jutge

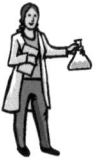

simis
química

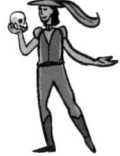

akter
actor

sofer bis

conductor d'autobús

sofer taxi

taxista

peser

pescador

bonn

dona de la neteja

zouvriye twa lakaz

ensostrador

server

cambrer

saser

caçador

pint

pintor

boulanze

forner

elektrisien

electricista

zouvriye

obrer de la construcció

inzenier

enginyer

bouse

carnisser

plonbie

llanterner

fakter

correu

solda
soldat

arsitek
arquitecte

kesie
caixera

fleris
florista

kwafez
perruquer

chek
revisor

mekanisien
mecànic

kapitenn
capità

dantis
dentista

siantis
científic

rabi
rabí

imam
imam

mwann
monjo

pret
capellà

zouti
eines

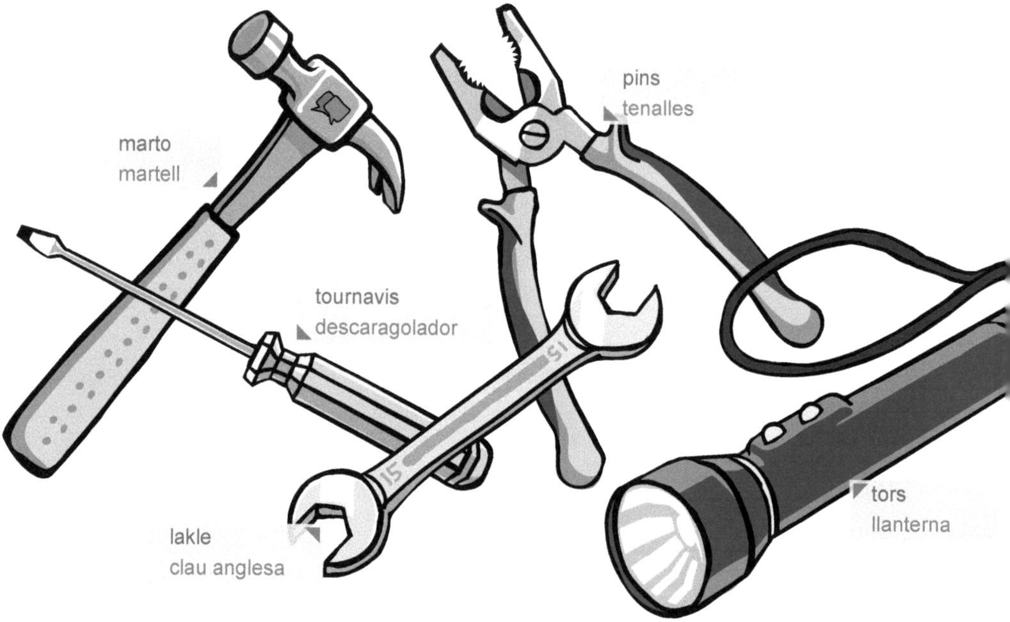

marto
martell
pins
tenalles
tournavis
descaragolador
lakle
clau anglesa
tors
llanterna

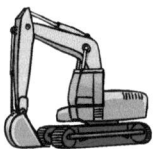

peltez

excavadora

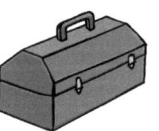

bwat zouti

caixa d'eines

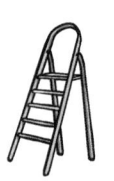

lesel

escala

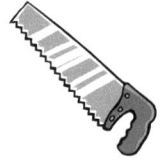

lasi

serra

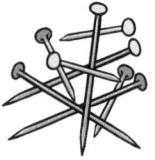

koulou

claus

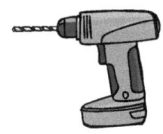

persez

trepant

aranze
reparar

lapel
pala

Ayo!
Maleït siga!

lapel
pala

po lapintir
pot de pintura

vis
caragols

instriman lamizik
instrument de música

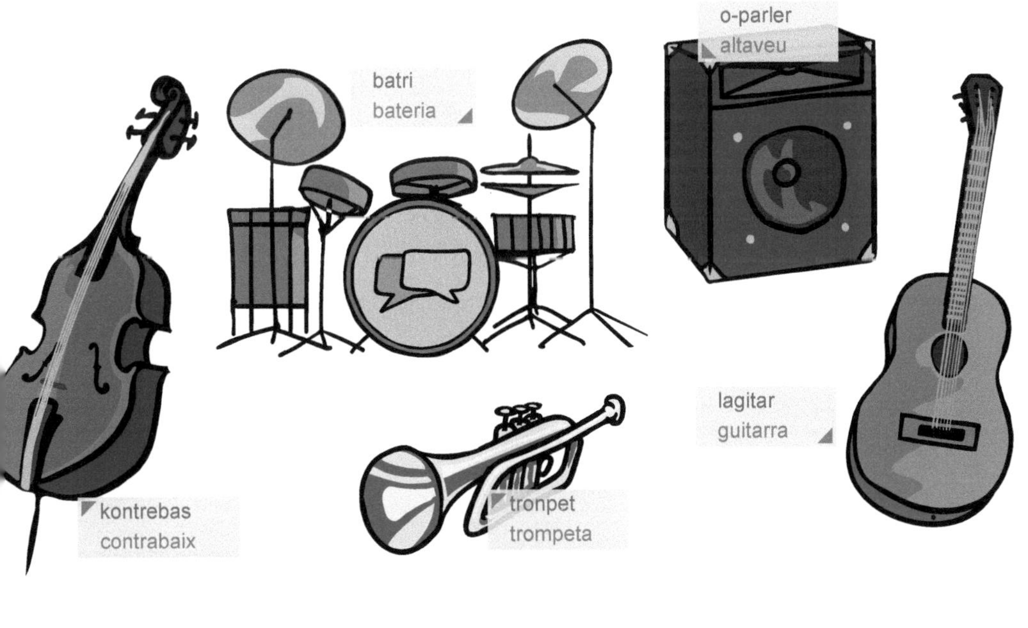

batri
bateria

o-parler
altaveu

lagitar
guitarra

kontrebas
contrabaix

tronpet
trompeta

piano
piano

violon
violí

bas
baix

tinbal
timbal

tanbour
tambor

klavie
teclat

saxofonn
saxofon

laflit
flauta

mikro
micròfon

ZOO
ZOO

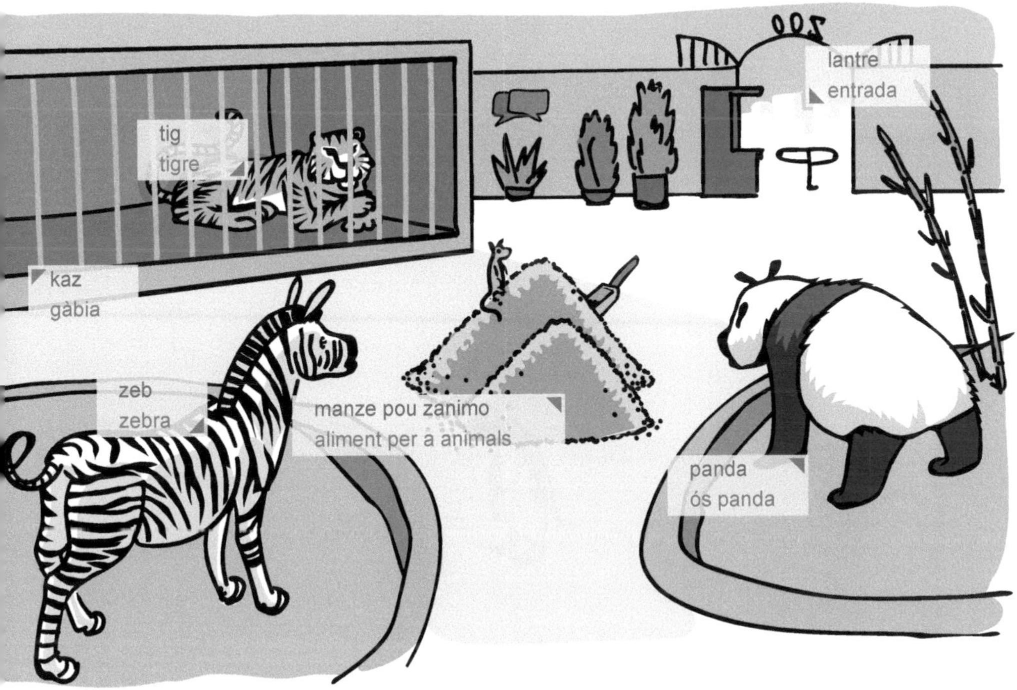

tig
tigre
lantre
entrada
kaz
gàbia
zeb
zebra
manze pou zanimo
aliment per a animals
panda
ós panda

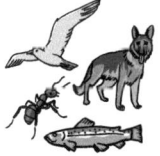

zanimo

animals

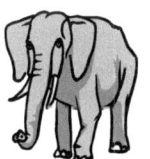

lelefan

elefant

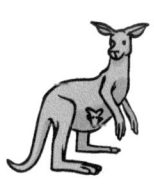

kangourou

cangurú

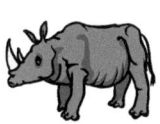

rinoceros

rinoceront

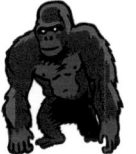

gori

goril·la

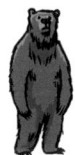

lours

ós

samo
camell

lotris
estruç

lion
lleó

zako
simi

flaman roz
flamenc

peroke
papagai

lours poler
ós polar

pingwi
pingüí

rekin
ca mari

pan
paó

serpan
serp

krokodil
cocodril

gardien zoo
guardià del zoo

fok
foca

zagwar
jaguar

poney
poni

leopar
lleopard

ipopotam
hipopòtam

ziraf
girafa

leg
àliga

sangliye
senglar

pwason
peix

torti
tortuga

mors
morsa

renar
guineu

gazel
gasela

foutborl ameriken
futbol americà

siklism
ciclisme

tenis
tenis

basketball
bàsquet

natasion
natació

labox
boxa

oke lor gazon
hoquei sobre gel

foutborl
futbol americà

badminton
bàdminton

atletism
atletisme

handball
handbol

ski
esquí

polo
polo

aktivite
activitats

riye
riure
sote
saltar
maye
abraçar
marse
anar
sante
cantar
reve
somiar
priye
pregar
anbrase
fer un petó

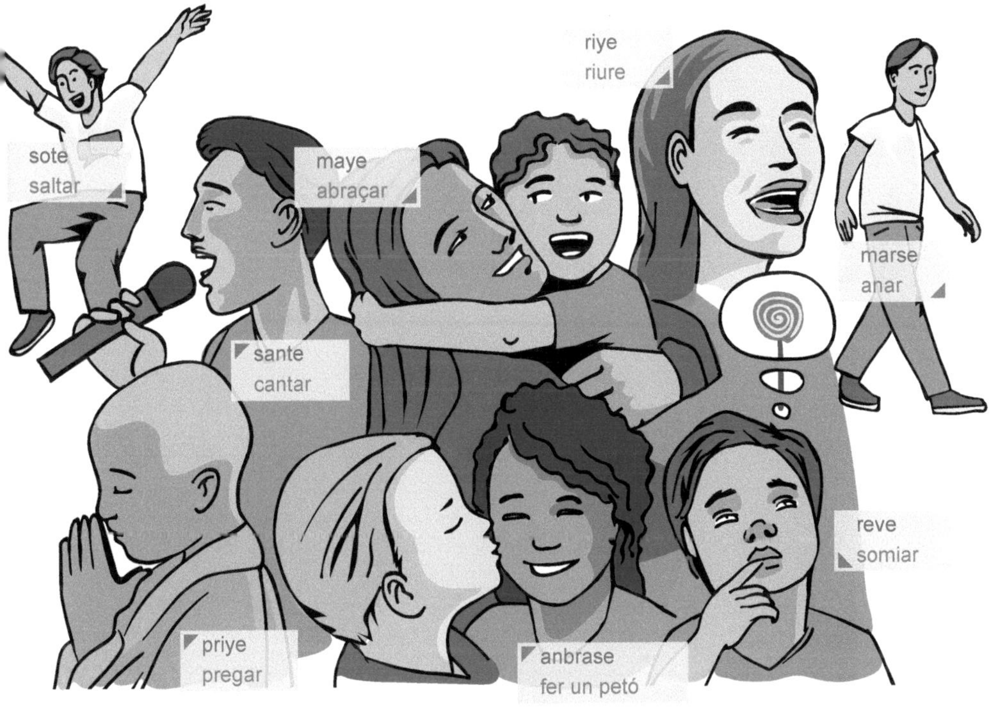

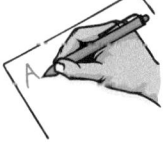

ekrir
escriure

desine
dibuixar

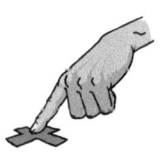

montre
mostrar

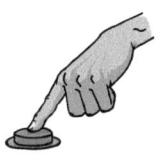

pouse
pitjar

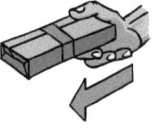

done
donar

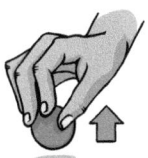

pran
prendre

ena
....
tenir

fer
....
fer

ete
....
ésser

diboute
....
estar dret

galoupe
....
córrer

rise
....
estirar

zete
....
llançar

tonbe
....
caure

alonze
....
jeure

atann
....
esperar

amene
....
portar

asize
....
asseure's

abiye
....
vestir-se

dormi
....
dormir

leve
....
despertar-se

gete

mirar

plore

plorar

karese

amoixar

pengne

pentinar

koze

parlar

konpran

comprendre

dimande

demanar

ekoute

escoltar

bwar

beure

manze

menjar

netwaye

endreçar

kontan

estimar

kwi

cuinar

kondir

conduir

anvole

volar

fer lavwal

navegar

kalkile

calcular

lir

llegir

aprann

aprendre

travay

treballar

marye

casar-se

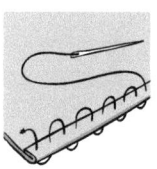

koud

cosir

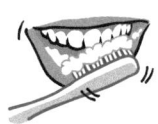

bros ledan

raspallar-se les dents

touye

matar

fime

fumar

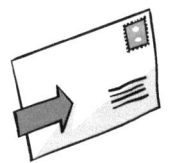

avoye

enviar

granmer
àvia

granper
avi

papa
pare

mama
mare

ti-baba
nadó

tifi
filla

garson
fill

ot
convidat

matant
tia

tonton
oncle

frer
germà

ser
germana

lekor

cos

fron
front
lizie
ull
figir
cara
manton
barbeta
ledwa
dit
lame
mà
tete
pit
lebra
braç
zepol
espatlla
lazam
cama

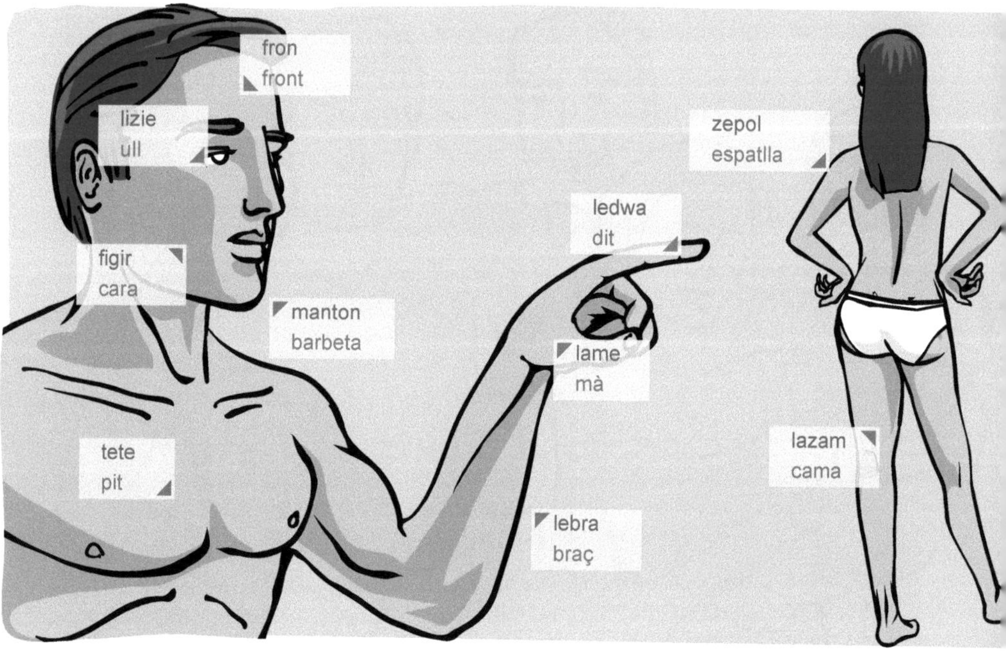

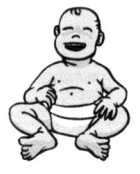

ti-baba
nadó

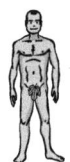

zom
home

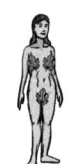

fam
dona

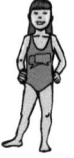

tifi
noia

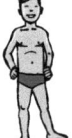

ti-garson
noi

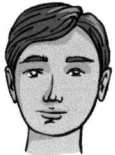

latet
cap

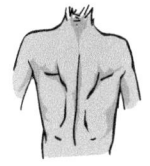

ledo
....
esquena

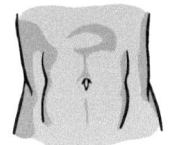

vant
....
panxa

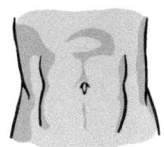

lonbri
....
melic

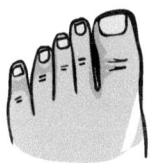

zortey
....
dit gros del peu

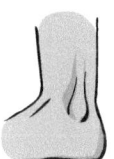

talon
....
taló

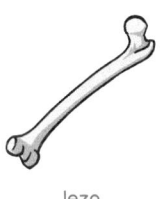

lezo
....
os

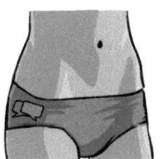

laans
....
maluc

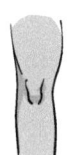

zenou
....
genoll

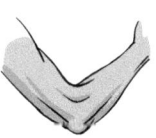

koud
....
colze

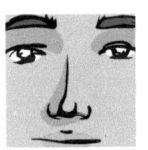

nene
....
nas

fes
....
cul

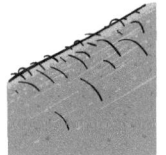

lapo
....
pell

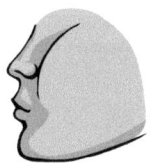

lazou
....
galta

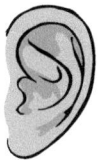

zorey
....
orella

lalev
....
llavi

labous
boca

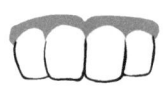

ledan
dent

lalang
llengua

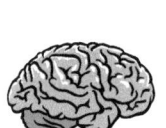

servo
cervell

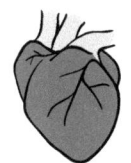

leker
cor

mix
múscul

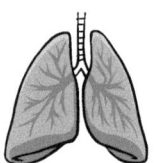

poumon
pulmó

lefwa
fetge

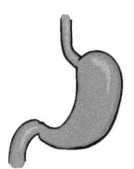

lestoma
estómac

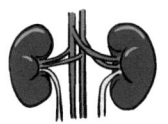

lerin
ronyó

sex
relació sexual

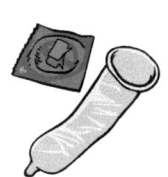

kapot
preservatiu

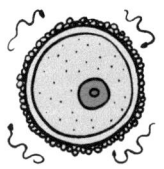

ovil
ovari

sperm
semen

groses
prenyat

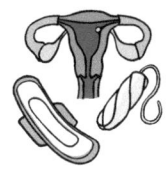

period

menstruació

vazin

vagina

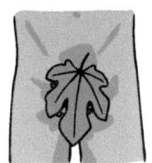

penis

penis

soursi

cella

seve

cabells

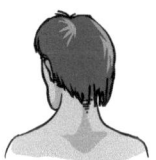

likou

coll

lopital

hospital

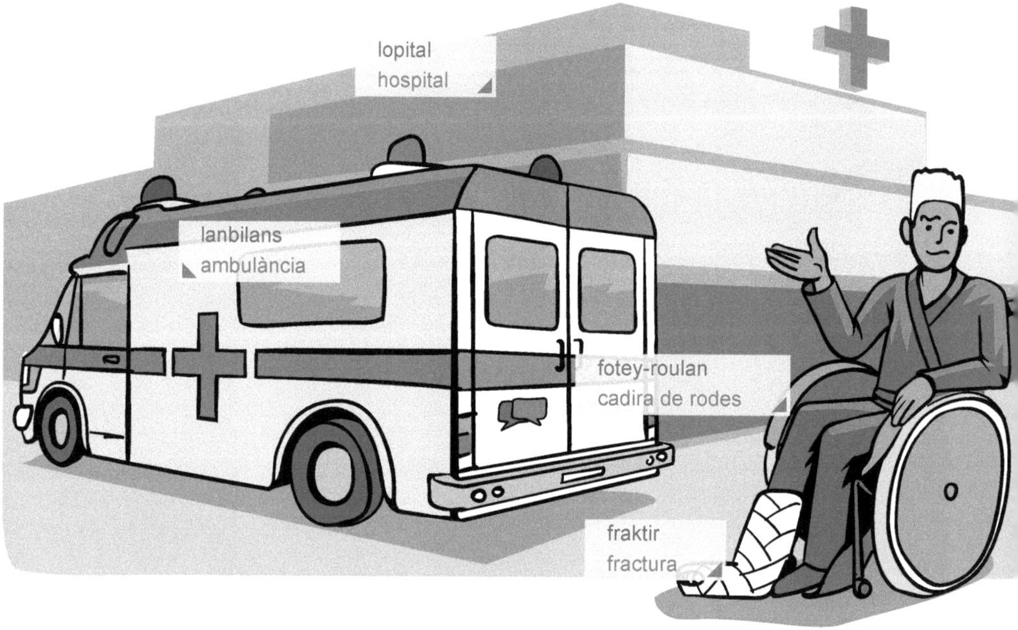

lopital
hospital
lanbilans
ambulància
fotey-roulan
cadira de rodes
fraktir
fractura

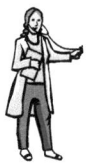

dokter

doctora

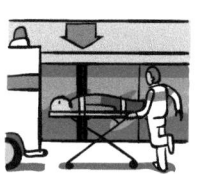

servis irzans

sala d'urgències

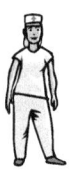

ners

infermera

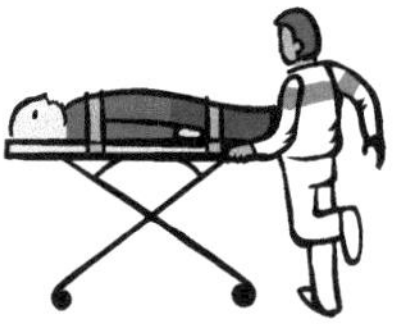

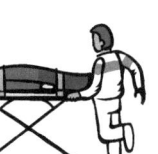

irzans

urgència

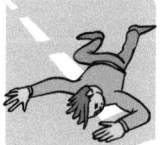

inkonsian

inconscient

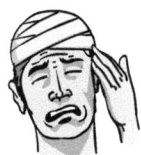

douler

dolor

blesir
ferida

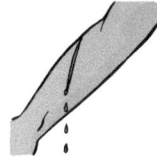

emorazi
sagnament

kriz kardiak
atac de cor

atak serebral
apoplexia

alerzik
al·lèrgia

touse
tos

lafiev
febre

lagrip
gripa

diare
diarrea

malad latet
mal de cap

kanser
càncer

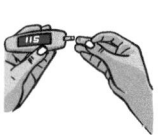

diabet
diabetis

sirirzien
cirurgià

skalpel
escalpel

operasion
operació

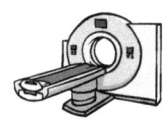

CT

tomografia computada (TC), TAC

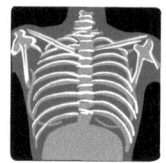

x-ray

raigs x

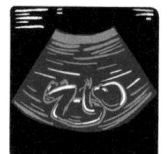

iltrason

ultrasò

mask

mascareta

maladi

malaltia

sal-datant

sala d'espera

beki

crossa

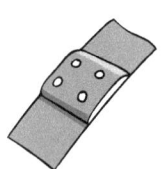

pansman

tireta

bandaz

embenat

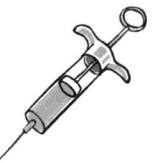

inzeksion

injecció

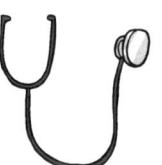

stetoskop

estetoscopi

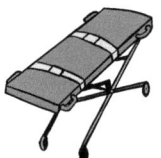

brankar

llitera

termomet

termòmetre clínic

nesans

pariment

sirpwa

sobrepès

laparey oditif

aparell auditiu

dezinfektan

desinfectant

infeksion

infecció

viris

virus

HIV / SIDA

VIH / SIDA

medsinn

medicina

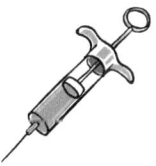

vaksinasion

vaccí

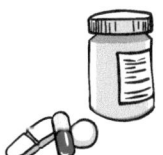

konprime

comprimits

pilil kontraseptif

píl·lola

korl irzans

trucada d'urgència

laparey tansion

tensiòmetre

malad / bien

malalt / sà

o-sekour

Socors!

alarm

alarma

atak

assalt

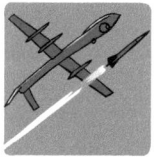

atak

atac

danze

perill

sorti de sekour

sortida-eixida d'urgència

Dife!

Foc!

laponp dife

extintor

aksidan

accident

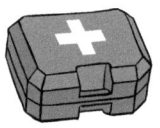

kit first aid

farmaciola de primers auxilis

SOS

SOS

lapolis

policia

Ierop
....
Europa

Lamerik di nor
....
Amèrica del Nord

Lamerik di sid
....
Amèrica del Sud

Iafrik
....
Àfrica

Iazi
....
Àsia

Iostrali
....
Austràlia

Iatlantik
....
Atlàntic

pasifik
....
Pacífic

Iosean indien
....
Oceà Índic

Iosean antartik
....
Oceà Antàrtic

Iosean artik
....
Oceà Àrtic

Pol Nor
....
pol nord

Pol Sid
....
pol sud

lantartik
....
Antàrtida

later
....
terra

later
....
país

lamer
....
mar

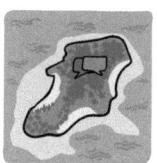

zil
....
illa

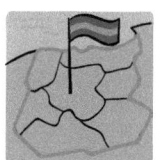

nasion
....
nació

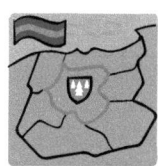

leta
....
estat

later - terra

kadran

quadrant

zegwi ler

agulla de les hores

zegwi minit

agulla dels minuts

zegwi segonn

agulla dels segons

ki ler la ?

Quina hora és?

zour

dia

letan

temps

aster-la

ara

mont dizital

rellotge digital

minit

minut

ler

hora

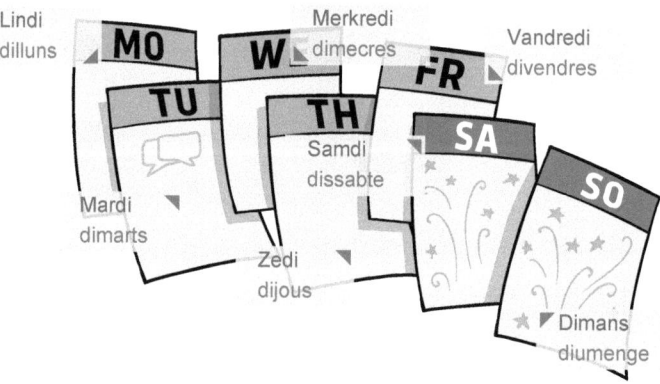

Lindi / dilluns — MO
Merkredi / dimecres — WE
Vandredi / divendres — FR
TU
TH
SA
Mardi / dimarts
Samdi / dissabte
SO
Zedi / dijous
Dimans / diumenge

yer
ahir

zordi
avui

demin
demà

gramatin
matí

midi
migdia

aswar
tarda

MO	TU	WE	TH	FR	SA	SU
1	2	3	4	5	6	7
8	9	10	11	12	13	14
15	16	17	18	19	20	21
22	23	24	25	26	27	28
29	30	31	1	2	3	4

zour travay
dia feiner

MO	TU	WE	TH	FR	SA	SU
1	2	3	4	5	6	7
8	9	10	11	12	13	14
15	16	17	18	19	20	21
22	23	24	25	26	27	28
29	30	31	1	2	3	4

wikenn
cap de setmana

lapli
pluja

larkansiel
arc de Sant Martí

lanez
neu

divan[
vent

printan
primavera

otonn
tardor

lete
estiu

liver
hivern

4.APRIL	11°	☀
5.APRIL	4°	☁
6.APRIL	13°	☂
7.APRIL	8°	❄
8.APRIL	10°	☀

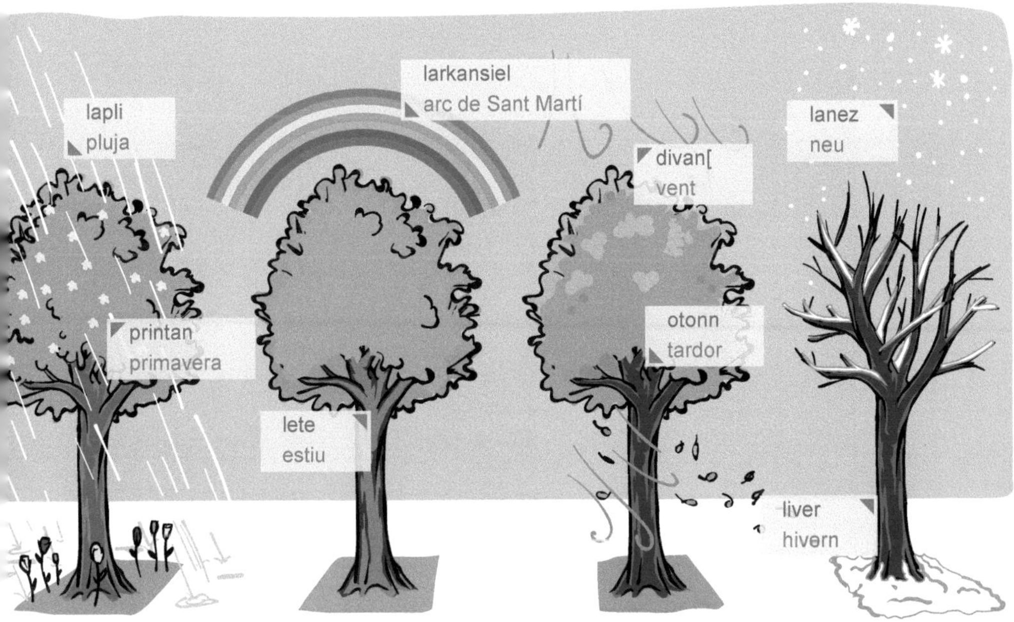

meteo
....
pronòstic del temps

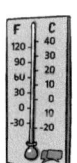

termomet
....
termòmetre

lalimier soley
....
llum del sol

niaz
....
núvol

brouyar
....
boira

limidite
....
humiditat de l'aire

lafoud

llamp

toner

tro

tanpet

tempesta

lagrel

calamarsa

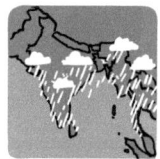

mouson

monsó

inondasion

inundació

laglas

gel

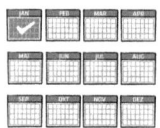

Zanvie

gener

Fevriye

febrer

Mars

març

Avril

abril

Me

maig

Zien

juny

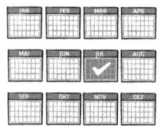

Zilie

juliol

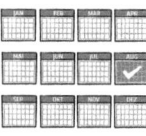

Out

agost

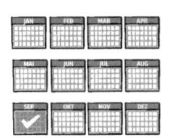

Septam

setembre

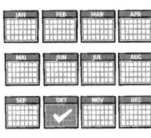

Oktob

octubre

Novam

novembre

Desam

desembre

form
formes

ron

cercle

kare

quadrat

rektang

rectangle

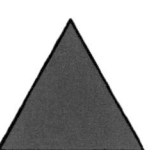

triang

triangle

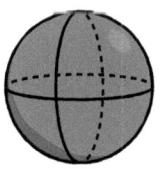

sfer

esfera

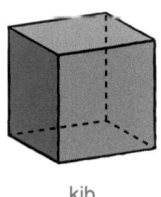

kib

cub

blan

blanc

zonn

groc

oranz

taronja

roz

rosa

rouz

vermell

mov

lila

ble

blau

ver

verd

maron

marró

gri

gris

nwar

negre

boukou / enn tigit

molt / poc

ankoler / kalm

emprenyat / tranquil

zoli / vilin

bonic / lleig

koumansman / lafin

començament / fi

gro / tipti

gran / petit

kler / obskirite

clar / fosc

frer / ser

germà / germana

prop / sal

net / brut

konple / inkonple

complet / incomplet

lizour / lanwit

dia / nit

vivan / mor

mort / viu

larz / sere

ample / estret

komestib / inkomestib

comestible / immenjable

move / bon

dolent / amable

exsite / agase

entusiasmat / entediat

gra / mins

gros / prim

premie / dernie

primer / darrer

kamwad / lennmi

amic / enemic

ranpli / vid

ple / buit

dir / mou

dur / tou

lour / leze

pesant / lleuger

fin / swaf

gana / set

malad / bien

malalt / sà

ilegal / legal

il·legal / legal

intelizan / kouyon

intel·ligent / ximple

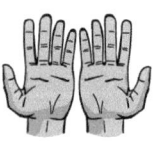

gos / drwat

esquerra / dreta

pre / lwin

prop / llunyà

nouvo / ize
nou / usat

nanye / kiksoz
res / quelcom

vie / zenn
vell / jove

demare / arete
encès / apagat

ouver / ferme
obert / tancat

trankil / for
silenciós / sorollós

ris / pov
ric / pobre

bon / move
correcte / incorrecte

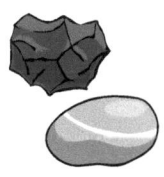

brit / lis
aspre / suau

tris / zwaye
trist / content

kourt / long
curt / llarg

lan / rapid
lent / ràpid

tranpe / sek
humit / sec - eixut

so / fre
calent / fred

lager / lape
guerra / pau

0

zero

zero

1

enn

u

2

de

dos

3

trwa

tres

4

kat

quatre

5

sink

cinc

6

sis

sis

7

set

set

8

wit

vuit

9

nef

nou

10

distribiter biye

deu

11

onz

onze

12
douz

dotze

13
trez

tretze

14
katorz

catorze

15
kinz

quinze

16
sez

setze

17
diset

disset

18
dizwit

divuit

19
diznef

dinou

20
vin

vint

100
san

cent

1.000
mil

mil

1.000.000
milyon

milió

Angle

anglès

Angle Lamerik

anglès americà

Mandarin Sinwa

xinès mandarí

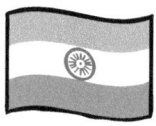

Hindi

hindi

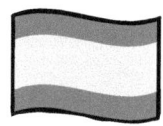

espagnol

espanyol

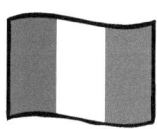

Franse

francès

Arab

àrab

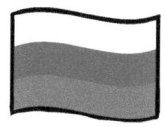

Ris

rus

Portige

portuguès

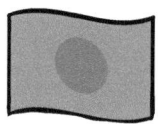

Bengali

bengalí

Alman

alemany

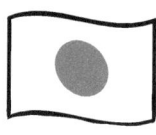

Zapone

japonès

mo

jo

to

tu

li

ell / ella / allò

nou

nosaltres

ou

vosaltres

zot

ells

kisana?

qui?

kiete?

què?

kouma?

com?

kotsa?

on?

kan?

quan?

nom

nom

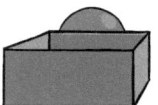

deryer

darrere

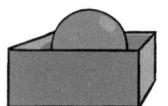

dan

en

devan

davant de

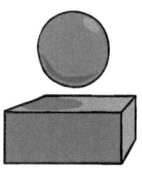

lor

damunt

lor

sobre

anba

sota

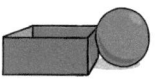

akote

al costat

ant

entre

plas

lloc